AF586417

LES

CORPORATIONS OUVRIÈRES

DE PARIS

DU XIIe AU XVIIIe SIÈCLE

HISTOIRE, STATUTS, ARMOIRIES

D'APRÈS DES DOCUMENTS ORIGINAUX OU INÉDITS

PAR

ALFRED FRANKLIN

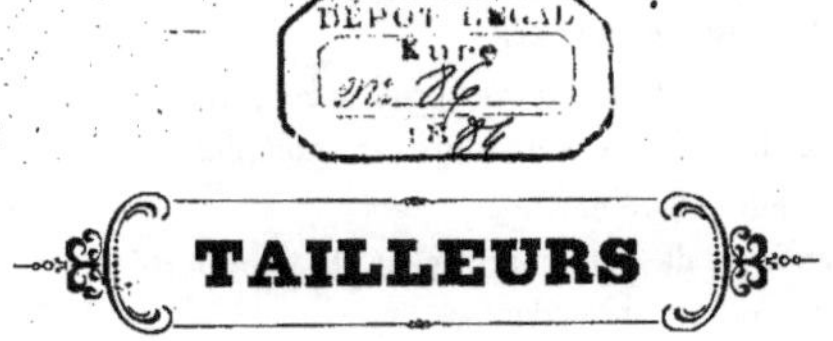

TAILLEURS

PARIS

LIBRAIRIE DE FIRMIN-DIDOT ET Cie

56, RUE JACOB, 56

1884

TAILLEURS

Les Tailleurs étaient divisés jadis en plusieurs corps d'état, et chacun de ceux-ci tirait son nom du vêtement dont il avait la spécialité.

Nous voyons ainsi mentionnés au treizième siècle :

1° Les *Doubletiers,* faiseurs de doublets.

2° Les *Hoquetonniers,* faiseurs de hoquetons.

3° Les *Giponiers,* faiseurs de gipons.

4° Les *Pourpointiers,* faiseurs de pourpoints.

5° Les *Tailleurs de robes,* faiseurs de robes pour les deux sexes.

Encore ne s'agit-il ici que de la partie supérieure du corps. Le droit de vêtir les jambes appartenait à deux autres corps d'état :

6° Les *Braaliers,* faiseurs de braies.

7° Les *Chaussetiers,* faiseurs de chausses.

Enfin, en laissant de côté tout ce qui concerne la coiffure, la chaussure et les accessoires du costume, je dois citer encore pour être complet :

8° Les *Couturiers,* couseurs de vêtements.

9° Les *Fripiers,* revendeurs de vêtements ayant été déjà portés.

10° Les *Rafreschisseurs* ou raccommodeurs.

Les *Tailles de 1292* et *de 1300* désignent déjà les Doubletiers, les Giponiers et les Pourpointiers sous le nom générique de Tailleurs. Elles mentionnent ainsi :

	Taille de 1292.	Taille de 1300.
Hoquetonniers	4	»
Tailleurs	125	160
Tailleurs de robes	15	27
Braaliers	6	2
Chaussetiers	61	18
Couturiers	57	121
Total	268	358

La confection des vêtements d'hommes et de femmes occupait donc 208 chefs d'industrie en 1292 et 358 en 1300. Et je ne fais figurer dans ces chiffres ni les Fripiers ni les Rafreschisseurs, puisqu'ils ne fabriquaient point. Pour la même raison, je ne parlerai au cours de cet article que des huit métiers qui sont plus directement représentés par nos Tailleurs actuels.

Doubletiers. On nommait *doublet* aux treizième et quatorzième siècles une longue camisole qui se portait par dessus la chemise et qui était à l'usage des deux sexes. Fait de coton, de toile ou de drap, le doublet était appelé aussi *futaine* ou *blanchet*. On voit dans les *Comptes de l'argenterie* [1] qu'en 1360 le roi Jean fit faire « un blanchet double » à Jehan, son fou. Les gens du peuple sortaient souvent sans autre vêtement que le doublet, et en général on le remplaçait ou on le renforçait pendant l'hiver par le *pelisson*.

Les Doubletiers ne formèrent peut-être jamais un corps d'état tout à fait distinct de celui des Pourpointiers. Dès 1323, les statuts de ces derniers [2] les autorisent à faire des doublets; les Couturiers obtinrent la même autorisation par lettres patentes de septembre 1358 [3].

Hoquetonniers ou Auquetonniers. On appelait *hoqueton, auqueton, gambeson* ou *cote gambaisée* le doublet destiné aux hommes d'armes. Il se portait sous le haubert ou cotte de mailles et était fortement rembourré de ouate. C'est même de là qu'il tirait ses différents noms; *gambais* ou *gambois* en vieux français signifiaient bourre, et les statuts donnés aux Pourpointiers en juin 1323 leur ordonnent de mettre au moins trois livres de coton dans chaque hoqueton [4].

La *Taille de 1292* cite 4 « Auquetonniers »; les *Tailles de 1300* et *de 1313* n'en citent aucun, probablement parce que cette petite communauté était déjà réunie à celle des Pourpointiers.

Giponiers. Le *gipon* était une sorte de tunique qui, ajustée sur le buste comme une cuirasse, en dessinait toutes les formes. Au quatorzième siècle, on voit ce vêtement prendre le nom de *jupon*, mot qui jusqu'à la fin du dix-septième siècle ne cessa de désigner un justaucorps [5]. Dans le cinquième livre de *Pantagruel* [6], frère Jean traite encore Grippeminaud de « diable engiponné ».

Les Giponiers furent de bonne heure réunis aux Pourpointiers, car les statuts accordés à ces derniers en 1467 [7], les autorisent à confectionner des jupons.

Braaliers. Les braies étaient une sorte de culotte plus ou moins longue et plus ou moins ample, faite ordinairement en toile; on trouve pourtant mentionnées

[1] Publiés par Douët-d'Arcq, p. 223. — Voy. aussi les *Nouveaux comptes*, passim.

[2] Articles 6 à 11.

[3] *Ordonn. royales*, t. III, p. 262.

[4] Article 10.

[5] Quicherat, *Histoire du costume en France*, p. 164 et 228. — Viollet-le-Duc, *Dictionnaire du mobilier*, t. IV, p. 61 et s.

[6] Chapitre 12.

[7] *Ordonn. royales*, t. XVI, p. 581.

parfois des braies en soie, en drap ou en peau. Pendant la domination romaine, la partie des Gaules comprise entre le Rhône, la Garonne et les Pyrénées était nommée *Gallia braccata*, parce que les habitants de ces contrées portaient des braies. Celles-ci, tantôt s'arrêtaient aux genoux où elles se nouaient après les chausses [1], tantôt descendaient par-dessus les chausses jusqu'au cou-de-pied; ces dernières représentaient donc assez exactement nos pantalons actuels [2]. Les braies étaient fixées sur les hanches par un cordon à coulisse appelé *brayer;* aussi les trouvères ont-ils une expression consacrée pour dépeindre un combattant pourfendu par son adversaire, ils prétendent qu'il est tranché « jusqu'au nœud du brayer ». *Porter le brayer,* se disait déjà des dames maîtresses au logis [3]. Au seizième siècle, les braies, détrônées par le haut-de-chausses, disparaissent sous celui-ci et deviennent nos caleçons d'aujourd'hui; mais il y avait longtemps à cette époque que la confection des braies n'était plus le monopole d'une corporation spéciale.

Les huit maîtres Braaliers établis à Paris en 1268 soumirent leurs statuts à l'homologation du prévôt Étienne Boileau [4]. Ils y sont qualifiés de *Braaliers de fil.*

Le métier était libre, disent ces statuts. Cependant tout maître avant d'ouvrir boutique, « de lever le mestier, » devait, à moins qu'il ne fût fils de maître, payer vingt sous [5] au roi et dix sous aux Jurés [6].

Chaque maître pouvait avoir un nombre illimité d'*apprentiz* et d'*apprentisses;* ces dernières étaient plus spécialement chargées de la couture. L'apprenti s'engageait pour six ans, et payait chaque année dix sous, soit en tout soixante sous. L'apprentie servait deux ans seulement, aux mêmes conditions [7].

Il n'est question dans ces statuts ni du travail à la lumière, ni du nombre des Jurés, ni du guet; mais une pièce publiée par M. Depping [8] prouve que les Braaliers étaient dispensés de ce service.

Couturiers. Je n'ai pu parvenir à déterminer d'une façon précise le sens de ce mot. Je pense cependant que les Couturiers doivent être regardés comme des *couseurs,* chargés de faire toute espèce de couture, et plus spécialement de coudre les objets taillés (on dit aujourd'hui coupés) par les Lingères, les Gantiers et les Tailleurs.

En effet :

1° L'article 6 des statuts des Tailleurs de robes, homologués en 1268, distinguent ceux-ci des Couturiers [9].

[1] Voy. ci-dessous.
[2] Viollet-le-Duc, *Dictionnaire du mobilier*, t. III, p. 69 et s.
[3] J. Quicherat, *Histoire du costume*, p. 97 et 197.
[4] *Livre des métiers*, titre XXXIX.
[5] Cent francs environ de notre monnaie.
[6] Articles 1 et 3.
[7] Articles 4 et 7.
[8] *Ordonnances relatives aux métiers*, p. 426.
[9] *Livre des métiers*, titre LVI.

2° Les *Tailles de 1292, de 1300* et *de 1313* mentionnent séparément les Couturiers et les Tailleurs.

3° Chez les Pourpointiers, la durée de l'apprentissage, fixée à six ans, était réduite à deux ans pour tout ouvrier Couturier, en raison de son habileté à coudre, « pour ce qu'il sçait de l'aguille, » dit l'article 2 des statuts de 1323.

4° Les articles 194 et 195 de la grande ordonnance du 30 janvier 1350[1] visent les « Tailleurs et Cousturiers ». Ils fixent, en outre, le prix à payer pour la façon d'une « robe-linge[2] d'homme » ou d' « une chemise de femme ».

5° La corporation des Lormiers[3] se composait au quatorzième siècle des Lormiers proprement dits et des Couturiers de lormerie[4]. Selon toute apparence, les premiers faisaient les éperons, les mors, etc., tandis que les seconds confectionnaient les rênes, les étrivières, etc., qui exigeaient un travail de couture.

6° On lit dans un compte dressé en 1389 pour Isabeau de Bavière : « A Robinette Brisemiche, Couturière de la reine, pour la façon de deux chemises longues et larges, » etc. Et dans le compte d'Étienne de la Fontaine pour 1352 : « Asseline Dugal, Couturière du Roi, pour sa peine de tailler, de coudre et façonner les ouvrages de linge dessus diz, etc[5]. »

7° Dans la liste des artisans suivant la cour qui fut dressée en 1725 figurent 28 Tailleurs et 8 Couturiers.

8° M. Quicherat[6] nous rappelle que sous le Bas-Empire, la confection des vêtements était l'œuvre de deux industries distinctes, celles des *Sarcinatores* et celle des *Bracarii*. Les premiers ne mettaient la main qu'aux vêtement flottants, ceux qui demandaient seulement à être ourlés, cousus; les autres avaient le monopole des vêtements ajustés composés de plusieurs pièces et d'une exécution compliquée.

Il n'est pas moins vrai que :

1° Les lettres patentes de septembre 1358[7] assimilent les Couturiers aux Doubletiers, et les autorise à confectionner certains vêtements dont ces derniers avaient eu jusque-là le privilège, attendu que « yceulx Cousturiers se connoissent miex[8] es cousture et es taille que ne font les Doubletiers ».

2° L'ordonnance dite *des Bannières*[9] mentionne les Couturiers, les Pourpointiers, les Fripiers, etc., et ne parle point des Tailleurs.

3° Dans la *Nouvelle fabrique des excellens traits de vérité* de Philippe d'Alcri,

[1] *Ordonn. royales*, t. II, p. 350.

[2] Il est impossible de déterminer quelle différence existait alors entre les robes-linges et les chemises. Ces deux mots sont ordinairement pris l'un pour l'autre.

[3] Devenus *Éperonniers*.

[4] Voy. Depping, *Ordonnances relatives aux métiers de Paris*, p. 361.

[5] Douët-d'Arcq, *Comptes de l'argenterie*, p. 360 et 95.

[6] *Histoire du costume*, p. 60.

[7] *Ordonn. royales*, t. III, p. 362.

[8] Mieux.

[9] *Ordonn. royales*, t. XVI, p. 671.

TAILLEURS.

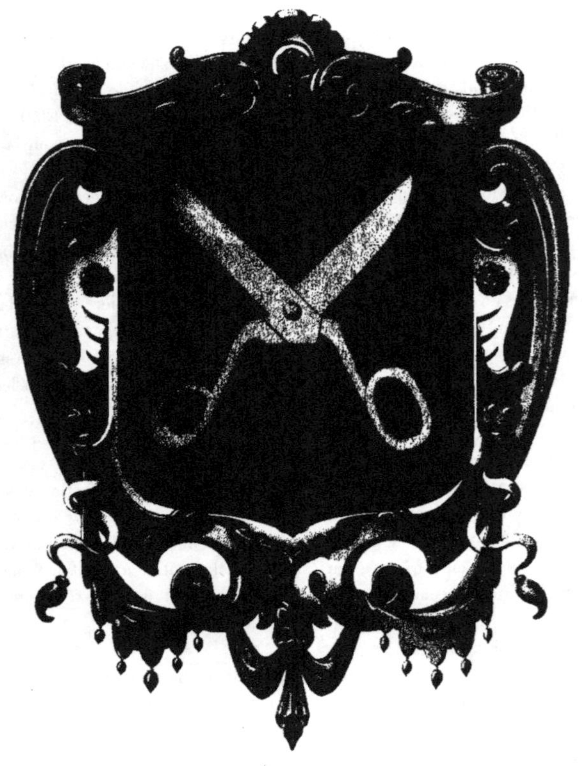

De gueules, à des ciseaux d'argent ouverts en sautoir.

Armorial général, t. xxv, p. 322.

A. Franklin, *les Corporations ouvrières.*

Imp. Firmin-Didot et Cie, Paris.

on lit qu'un « soldat avoit baillé du drap au Cousturier pour lui faire un habit[1]... »

Il faut sans doute conclure de tout ceci que les Couturiers représentaient les *Sarcinatores* du Bas-Empire. Mais que, simples couseurs, ils empiétaient souvent sur le domaine des Tailleurs, et que dans la langue populaire les mots Couturiers et Tailleurs étaient souvent pris l'un pour l'autre.

CHAUSSETIERS. Au moyen âge, le mot *chausses* désigne toujours la partie du costume qui enveloppait les jambes. C'est à ce point de vue seulement que les mots *chausses et bas* peuvent être regardés comme synonymes. En effet, au lieu d'être faits de mailles et de mouler la jambe en se prêtant à tous ses mouvements, les chausses, confectionnées en serge, en toile, en feutre, en soie, en drap, en laine, etc., tantôt recouvertes de bandelettes croisées, tantôt bouffant ou plissant sur les jambes, s'attachaient soit aux genoux, soit aux braies, avec des jarretières parfois fort élégantes, et dont on laissait pendre les bouts. Ainsi, on lit dans un compte de 1387 : « Pour la ferreure de deux jartières de satin azur pour lier les chausses de madame la Royne[2]... » Au treizième siècle, les chausses étaient très longues, montaient presque jusqu'à mi-cuisse. Au quinzième, elle s'élevèrent plus haut encore, jusqu'à une sorte de court caleçon à braguette, qui prit le nom de *haut de chausses,* tandis que les chausses devenaient *bas de chausses* et par abréviation *bas.* Ces deux pièces, successivement modifiées suivant les progrès de l'industrie et les exigences de la mode, constituent dès lors la culotte courte et les bas, tels qu'ils sont venus jusqu'à nous.

Dans les statuts qu'ils présentèrent en 1268 à l'homologation du prévôt Étienne Boileau[3], les Chaussetiers se qualifient de *Chauciers:* on écrivait indifféremment chausses ou chauces. Les fils de maître n'avaient rien à payer pour s'établir; les autres ouvriers devaient verser vingt sous, dont quinze allaient au roi et cinq à la confrérie du métier[4]. Les maitres pouvaient avoir autant d'apprentis qu'ils voulaient, mais chacun de ceux-ci en entrant à l'atelier était tenu de payer huit sous au roi et quatre sous à la confrérie[5]. Le travail à la lumière était permis[6]. On interdisait le colportage dans les rues[7]. Chaque dimanche trois boutiques, à tour de rôle, restaient ouvertes[8]. Le métier était régi par trois Jurés, « les quex li prevost de Paris met et oste toutes foiz qu'il li plaist[9]. »

La corporation des Chaussetiers se trouvait alors dans une assez triste situation; plusieurs maîtres avaient dû redevenir ouvriers, et plusieurs ouvriers

[1] Édit. Elzévir., p. 118.

[2] Douët-d'Arcq, *Comptes de l'argenterie*, p. 360. — Pendant le cours de cette année 1387, Isabeau de Bavière acheta quatre paires de jarretières, toutes de satin azur.

[3] *Livre des métiers*, titre LV.

[4] Article 6.

[5] Article 2.

[6] Article 3.

[7] Article 7.

[8] Article 8.

[9] Article 10.

anciens et habiles étaient trop pauvres pour aspirer à la maîtrise. Avec l'assentiment des 45 maîtres établis, le prévôt autorisa donc 33 ouvriers à passer maîtres « sanz rien payer » ; le nombre des maîtres se trouva ainsi porté à 78. C'était trop sans doute, eu égard à la consommation, puisque la *Taille de 1292* ne mentionne plus que 61 maîtres, et celle *de 1300* que 48.

Les Fripiers, paraît-il, leur causaient grand dommage. Ils achetaient de veilles chausses, les mettaient sous presse, les pliaient avec soin, et les vendaient comme marchandises neuves. Les Chaussetiers obtinrent un arrêt (1298) qui reconnut à eux seuls le droit de vendre des chausses mises en presses et pliées; les vieilles chausses achetées par les Fripiers devaient être simplement pendues à une perche ou étendues sur une corde dans leur boutique [1].

Les statuts des Chaussetiers furent confirmés, à peu près sans modifications, au mois d'avril 1346 [2]. Mais en 1398, la communauté se vit troublée par une querelle qui mérite d'être rapportée. Nous avons dit que les chausses étaient soutenues au moyen d' « un nouet », cordon ou jarretière. La mode vint de les remplacer par des aiguillettes, et quelques Chaussetiers s'empressèrent de confectionner des chausses « toutes garnies d'aiguillettes, et prestes d'attacher; car se ainsi n'estoit, à ceulx qui vouldroient acheter chausses conviendroit longuement demourer pour attendre que garnies fussent. » Les anciens du métier protestèrent. Ennemis de toute innovation, ils soutenaient que les statuts n'autorisaient pas cette dérogation aux vieilles coutumes. Le roi d'abord leur donna raison. Mais le 23 octobre 1398, il revint sur sa décision. Considérant que les aiguillettes ne sont pas mentionnées dans les statuts, par cette bonne raison qu' « adonc on n'en usoit point; mais néantmoins puis que de présent ce est venu à plaisance de peuple et à commun usaige », il permit « pour le prouffit de la chose publique de vendre chausses garnies [3] ».

C'est seulement vers le milieu du seizième siècle qu'apparaissent les premiers bas tricotés [4], et ils eurent bien vite détrôné les chausses. En 1540, François Ier portait encore des chausses de laine rase, couvertes, comme le reste de son costume, de déchiquetures ou crevés à travers lesquels on apercevait l'étoffe de la doublure; avant la fin du siècle, toute personne un peu aisée avait des bas tricotés. Dès lors, il ne resta plus aux Chaussetiers qu'à disparaître, et c'est ce qu'ils firent. Leur corporation s'éteignit, et ses dépouilles furent partagées entre trois autres communautés : les Drapiers obtinrent le droit de faire et vendre les chausses en drap, serge, droguet et autres tissus de laine, ainsi que celles de toile peinte; le commerce des chausses de toile non teinte fut attribué aux Lingères, et les Tail-

[1] Depping, *Ordonnances relatives aux métiers*, p. 412.

[2] *Ordonn. royales*, t. XII. p. 86. — Ils furent confirmés de nouveau en avril 1474, et le nombre des Jurés alors porté à quatre (manuscrits Delamarre. *Arts et métiers*. t. II. p. 155).

[3] *Ordonn. royales*, t. VIII, p. 301.

[4] Voy. à l'art. *Bonnetiers* l'histoire des bas.

leurs purent faire des chausses de la même étoffe que les habits qui leur étaient commandés[1]. Drapiers et Tailleurs ajoutèrent dès lors le titre de *Chaussetiers* à l'ancien nom de leur corporation.

POURPOINTIERS. Le pourpoint, dit aussi *palletocq* et *palletot*[2], qui joue un si grand rôle dans l'histoire du costume en France, date de la fin du treizième siècle. Il donna naissance à une corporation, celle des Pourpointiers. Le 20 juin 1323, les 14 maîtres dont elle était composée présentèrent leurs statuts[3] au prévôt Jean Loncle, en lui demandant de les homologuer.

Tout Pourpointier avant de s'établir devait payer douze sous au roi et quatre aux Jurés[4].

Chaque maître ne pouvait avoir à la fois plus de deux apprentis[5].

La durée de l'apprentissage était de six ans, réduite à deux ans pour les ouvriers Couturiers et à quatre ans pour les ouvriers Pelletiers[6].

Tout vêtement devait porter, au collet, la marque spéciale du Pourpointier qui l'avait confectionné[7].

Chaque dimanche une boutique de Pourpointier restait ouverte, à tour de rôle[8].

Le métier était surveillé par deux Jurés[9].

Le privilège accordé aux ouvriers Pelletiers provenait de ce que les pourpoints étaient parfois garnis de fourrures. Quant à l'ouvrier Couturier, il devait, nous l'avons dit, cette préférence à sa science de l'aiguille.

Un siècle et demi plus tard, en 1467, il y avait à Paris 26 maîtres Pourpointiers. Le 24 juin, le prévôt Audoyn Chauron apporta quelques modifications à leurs statuts[10]. Le métier dut dès lors s'acheter vingt sous, dont quinze allaient au roi et cinq aux Jurés[11]. Le nombre des apprentis devint illimité[12] et celui des Jurés fut porté à trois[13].

Parmi les vêtements cités dans ces statuts figurent les *jupons* de soie et de camelot, les *doublets*, les *jaques* de futaine, de coton et de soie, les *houppelandes* de soie et de camelot. J'ai parlé déjà des jupons et des doublets. Le *jaque*, d'où est venu notre mot *jaquette*, était un peu plus long que le pourpoint, et se portait sur celui-ci. On nommait *houppelande* une ample robe de dessus, aussi disgracieuse qu'incommode, et qui était commune aux deux sexes.

[1] Mss. Delamarre, *Arts et métiers*, t. IV, p. 136.
[2] Voy. de Laborde. *Émaux*, t. II, p. 429.
[3] Publiés avec les statuts des Tailleurs, p. 11 de l'édit. de 1763. — M. G. Fagniez, croyant ces statuts inédits, les a réimprimés p. 373 de ses *Études sur l'industrie*.
[4] Article 1.
[5] Article 5.
[6] Article 2.
[7] Article 12.
[8] Article 13.
[9] Article 15.
[10] *Ordonn. royales*, t. XVI, p. 581.
[11] Article 1.
[12] Article 2.
[13] Article 18.

La corporation avait pour patronne sainte Catherine, qu'elle fêtait le 25 novembre, à la chapelle de l'hôpital Sainte-Catherine, dans la rue Saint-Denis [1].

Le 28 juillet 1655, les Pourpointiers se réunirent aux Tailleurs, qui acquirent ainsi le titre de *Pourpointiers*.

TAILLEURS DE ROBES. Les Tailleurs de robes, ayant successivement absorbé tous les corps d'état qui s'occupaient de la confection des vêtements, peuvent être regardés comme les ancêtres directs de nos Tailleurs actuels.

M. Quicherat nous apprend [2] que, dès le huitième siècle, les Tailleurs contemporains de Charlemagne étaient renommés pour la précision avec laquelle ils savaient conduire les ciseaux dans l'étoffe, et faire des habits qui s'adaptaient parfaitement à la forme du corps. Au quatorzième siècle, le buste d'un homme bien mis ne devait pas laisser voir un seul pli ; le plus souvent, on faisait, à force de ouate, un estomac bombé au doublet, au gipon ou au pourpoint.

Mais du douzième au quatorzième siècle, la robe fut le principal vêtement des hommes et des femmes, au moins dans la classe aisée; ce fut même celui que portaient les gens de guerre quand ils quittaient leur armure. A cette époque, la ressemblance entre l'habillement des deux sexes est si grande qu'il n'est pas toujours facile de distinguer l'un de l'autre. Les Tailleurs de robes, qui conservèrent jusqu'à la fin du dix-septième siècle le privilège d'habiller les hommes et les femmes, devaient donc représenter alors l'aristocratie du métier.

Les statuts qu'ils soumirent, vers 1268, à l'homologation d'Ét. Boileau donnent des détails assez précieux pour l'histoire des mœurs au treizième siècle [3].

Le métier était libre. Chacun pouvait donc s'établir à deux conditions : « pour [4] qu'il sache fere le mestier et il ait de coy [5]. » Les Jurés n'admettaient un nouveau maître qu'après avoir « veu et regardé s'il est ouvrier suffisant de coudre et de tailler [6] ».

Chaque maître pouvait avoir un nombre illimité d'apprentis et d'ouvriers, et régler comme il l'entendait les conditions de l'apprentissage [7].

Les Tailleurs avaient le droit de travailler à la lumière [8].

Le métier était surveillé par trois Jurés [9].

Les maîtres étaient astreints au service du guet. Mais abusivement, disent-ils [10]; et en effet la plupart des corporations qui travaillaient pour la noblesse ou le clergé en étaient dispensées [11].

L'étoffe était en général fournie au Tailleur par le client. Aussi le Tailleur qui

[1] Le Masson. *Calendrier des confréries*, p. 87 et 89.

[2] *Histoire du costume en France*, p. 107.

[3] *Livre des métiers*, titre LVI.

[4] Pourvu.

[5] Un capital suffisant.

[6] Articles 1 et 3.

[7] Article 2.

[8] Article 9.

[9] Article 8.

[10] Article 9.

[11] Voy. l'*Introduction*.

coupait mal un vêtement devait-il indemniser le client et payer une amende de cinq sous, dont trois allaient au roi et deux aux Jurés, « pour les povres de leur mestier soustenir ». Le litige était soumis aux Jurés et réglé par eux [1].

Le même article nous montre que la *coupe* alors s'appelait *taille*, d'où est venu le nom de Tailleur. On rencontre aussi dans ces statuts une expression qui demande à être expliquée, celle de *garnement*. Très souvent, le mot *robe* ne désignait pas un vêtement spécial, mais un habillement complet, dont chaque pièce était appelée garnement. Ainsi, au quatorzième siècle, une *robe* un peu complète comprenait au moins quatre garnements : la cotte, le surcot, le mantel et le chaperon. Les nobles, les chevaliers attachés aux grands seigneurs étaient habillés par eux et à leurs couleurs ; c'est ce que l'on appelait *être aux robes* ou *des robes* de tel personnage [2]. Cette livraison de vêtements, faite à époques fixes, se nommait *livrée*, et le mot est resté dans la langue avec un sens à peu près analogue.

Nous avons vu que les *Tailles de 1292* et *de 1300* mentionnent seulement, l'une 15 et l'autre 27 Tailleurs de robes. Ils étaient cependant au nombre de 75 en 1293, époque où ils firent reviser les statuts de la communauté. Leurs noms figurent en tête de l'acte [3], et l'on peut y relever les suivants :

Jehan Victor, tailleur le Roy.
Lambert, tailleur madame la Royne [4].
Robert de Sanchevrel, tailleur aus enfanz le Roy.
Guillaume Roussel, tailleur mons. Challes [5].
Guillaume de Rouaun, tailleur la comtesse de Valois [6].
Ymbert, tailleur l'Evesque [7].

Ces nouveaux statuts diffèrent surtout des premiers par la manière dont fut réglé le choix des Jurés. La haute surveillance du métier appartenait à trois personnes nommées par le prévôt de Paris et étrangères à la corporation ; l'une était préposée au quartier de la Cité, l'autre à la rive droite et la troisième à la rive gauche. Quant aux visites ordinaires, elles étaient faites par huit Jurés, pris dans le sein de la communauté, et désignés par les trois personnages dont je viens de parler. Cette organisation, spéciale à la corporation des Tailleurs, semble d'ailleurs avoir eu une courte durée, car dès 1366, les statuts revisés [8] ne font plus mention que de quatre Jurés élus en la forme ordinaire.

[1] Article 5.
[2] Voy. de Laborde, *Émaux*, t. II, p. 327 et 367, et Douët-d'Arcq, *Comptes de l'argenterie*, p. 398.
[3] Dans Depping, *Ordonnances relatives aux métiers*, p. 112.
[4] Jeanne de Navarre, femme de Philippe le Bel.
[5] Troisième fils de Philippe le Bel, et qui fut roi sous le nom de Charles le Bel.
[6] Femme de Charles, comte de Valois, troisième fils de Philippe le Hardi.
[7] Simon Matifas de Bucy.
[8] *Ordonn. royales*, t. VIII, p. 518

De nouvelles revisions ou confirmations eurent encore lieu en décembre 1402[1], en août 1405[2], en octobre 1441[3], en septembre 1461[4], en juin 1467[5], en août 1484[6], en novembre 1511[7], en juillet 1566[8] et en septembre 1583[9]. Je ne m'attarderai pas à relever les innovations qui furent ainsi successivement introduites au sein de la communauté, elles sont toutes résumées dans les statuts de 1660, dont je vais donner une analyse détaillée. Il faut seulement rappeler ici deux faits importants que j'ai déjà mentionnés, qui accrurent les attributions de la corporation et modifièrent jusqu'à son nom. Vers 1630, la communauté des Chaussetiers se fondit dans trois autres corps d'état, et les Tailleurs ayant hérité d'elle pour une part, prirent dès lors le titre de *Tailleurs d'habits-Chaussetiers*. En 1655, voulant concentrer entre leurs mains le privilège de « faire et vendre toutes sortes d'habits dont l'on se sert et dont l'on pourra se servir à l'avenir pour couvrir et habiller toutes sortes de personnes, de quelque qualité, âge et sexe qui se puissent présenter[10], » ils s'entendirent avec les Pourpointiers, seuls concurrents qui leur restassent. Un contrat d'union fut passé, le 28 juillet, entre les maîtres des deux corporations, et ils s'intitulèrent à dater de cette époque *Tailleurs d'habits-Pourpointiers-Chaussetiers*. Cette réunion donna naissance aux statuts de 1660, qui restèrent en vigueur, à peu près sans changement, jusqu'à la Révolution.

Aux termes de ces statuts[11] :

Chaque maître ne pouvait avoir à la fois qu'un seul apprenti[12], et on ne devait recevoir plus de dix maîtres par an[13].

L'apprentissage durait trois ans, et était suivi de trois ans de compagnonnage[14]. Le nombre des compagnons employé par chaque maître ne pouvait dépasser six[15]; tous devaient être logés et nourris chez leur maître, « à ses gages, pain, pot, lit et maison. » Leur salaire était fixé à quatre livres par mois pour les meilleurs, à trois livres et à quarante sous pour les autres, à dix sous par jour pour ceux qui travaillaient à la journée[16].

Tous les aspirants à la maîtrise étaient soumis à l'épreuve du *Chef-d'œuvre*[17], les fils de maître ne devaient que l'*Expérience*[18].

1 *Ordonn. royales*, t. VIII, p. 548.
2 *Ibid.*, t. IX, p. 90.
3 *Ibid.*, t. XIII, p. 338.
4 *Ibid.*, t. XIX, p. 402.
5 *Ibid.*, t. XVI, p. 654.
6 *Ibid.*, t. XIX, p. 402.
7 Biblioth. nationale, mss. Delamarre, *Arts et métiers*, t. IX, p. 114.
8 *Ibid.*, t. IX, p. 117.
9 En tête des *Statuts* des Tailleurs, p. 33.
10 Article 2 des *Statuts de* 1660.
11 *Statuts et ordonnances des marchands maîtres Tailleurs d'habits-Pourpointiers-Chaussetiers de la Ville, Fauxbourgs et Banlieue de Paris*. 1763, in-12, p. 53.
12 Article 6.
13 Article 7.
14 Article 6.
15 Article 27.
16 Article 12.
17 Articles 5 et 26.
18 Article 8.

Les veuves de maîtres pouvaient continuer le commerce de leur mari, tant qu'elles ne se remariaient pas à un homme étranger au métier. Il leur était cependant interdit d'employer plus d'un ouvrier [1].

Aucun maître tailleur ne devait habiter une maison occupée par un Fripier, « attendu les abus qui s'y passent tous les jours, en avouant les habits et marchandise faites par entreprise par lesdits Fripiers [2] ».

Les Tailleurs avaient encore le privilège exclusif de faire, sans aucune exception, tous les vêtements des deux sexes [3], et ils conservèrent ce monopole jusqu'en 1675, époque où les Couturières furent érigées en corporation [4].

Tout Tailleur qui gâtait une étoffe à lui remise ou manquait la taille [5] d'un vêtement devait des dommages-intérêts à son client. Les Jurés, seuls juges du différend, infligeaient en outre au coupable une amende [6].

En raison de la fraternité qui devait régner entre tous les membres d'une même corporation, les maîtres sans ouvrage se réunissaient dans un lieu spécial, où les maîtres plus heureux venaient les trouver et leur fournissaient du travail, « afin qu'ils puissent être tous occupés de leur métier, et gagner leur vie [7] ». Les ouvriers arrivant à Paris s'adressaient au clerc de la communauté, qui se chargeait de les placer [8].

Quatre Jurés élus pour deux ans administraient la corporation. L'élection était faite par cent vingt maîtres désignés à tour de rôle. Les candidats devaient savoir lire et écrire, et avoir au moins dix années de maîtrise [9]. Les Jurés et les Bache-

[1] Article 11.

[2] Article 32.

[3] Articles 2, 4, 10, 13. — En vertu de ces articles, ils se chargeaient de fournir toutes les parties du costume, même celles qu'il leur était impossible de confectionner. C'est ainsi qu'on voit dans le *Bourgeois gentilhomme* (acte II, scène 8), le Tailleur de M. Jourdain envoyer à son client des bas trop étroits et des souliers qui le blessent furieusement.

[4] Voy. l'article *Couturières*.

[5] La coupe.

[6] « Quiconque sera reçu Maître marchand Tailleur d'habits-Pourpointier à Paris, s'il arrive qu'il taille mal ou gâte les habits qui lui seront commandés, par sa faute, après avoir été vûs et visités par les Maîtres Jurés et Gardes dudit métier, s'ils rapportent par leur serment que les étoffes soient empirées ou gâtées, le Maître qui aura ainsi mal fait ou gâté les étoffes, indemnisera celui qui lui aura mis en main lesdites étoffes du dommage et perte qu'il aura souffert par la faute et ignorance dudit Maître, et outre sera condamné en telle amende qui sera jugée digne de la faute. » Article 16.

[7] « Et sera destiné un lieu par les Maîtres, Jurés et Gardes de ladite Communauté, où les Maîtres qui manqueront d'ouvrages de leur métier se trouveront pour en faire pour ceux qui en auront trop, afin qu'ils puissent être tous occupés de leur métier, et gagner leur vie. Et qui fera le contraire, il payera soixante livres d'amende, dont le tiers sera appliqué à la Confrérie de ladite Communauté, un autre tiers à l'Hôpital-Général, et la troisième partie au dénonciateur. » Article 12.

[8] « Tous garçons et compagnons Tailleurs seront tenus de prendre Maître incontinent qu'ils seront arrivés en ladite Ville et Fauxbourgs de Paris, dans la huitaine du jour de leur arrivée, ou bien se retirer vers le Clerc dudit métier, pour leur être pourvu d'un Maître, ou sortir de la Ville, Fauxbourgs et Banlieue, à peine de prison... Et ne pourront lesdits compagnons et garçons Tailleurs être placés chez les Maîtres que par le Clerc dudit métier, afin de les pouvoir trouver, si besoin étoit ; et défenses sont faites audit Clerc de les placer autre part que chez les Maîtres dudit métier, sur peine de soixante livres d'amende contre les contrevenans. » Article 22.

[9] Article 24.

liers[1] élisaient encore seize jeunes maîtres, qui étaient chargés des visites ordinaires; chacun d'eux devait en faire au moins une par semaine[2]. Les Jurés procédant aux visites étaient tenus de revêtir leur robe et leur toque[3], et de se faire accompagner par un sergent ou un commissaire du Châtelet[4].

Le nombre des maîtres était alors d'environ seize cents[5].

En 1683, le Tailleur de la reine se nommait Georges Marie[6], et Barthélemy Autran était Tailleur du roi en 1692[7].

Une communauté de frères Tailleurs, établie sur le modèle de celle qui réunissait les frères Cordonniers[8], avait été fondée en 1645. Elle fut successivement installée dans la rue Saint-Denis, puis près de l'église Sainte-Opportune, et enfin rue Bertin-Poirée.

Les Tailleurs étaient, en 1725, au nombre de 1882[9], chiffre qui paraît avoir peu varié jusqu'à la Révolution[10]. Le brevet d'apprentissage coûtait 24 livres et la maîtrise 420 livres; l'édit de 1776 en réduisit le prix à 400 livres et réunit les Tailleurs aux Fripiers d'habits.

Le bureau de la corporation était situé quai de la Mégisserie.

Les Tailleurs étaient placés sous le patronage de la Trinité. La confrérie, que les statuts de 1583[11] font remonter jusqu'à l'année 1102, se rassemblait à l'église de la Trinité, dans la rue Saint-Denis.

Enfin, la communauté avait pour armoiries : *De gueules, à des ciseaux d'argent ouverts en sautoir*[12].

[1] Titre que prenaient les maîtres qui avaient été Jurés et ceux dont la réception remontait à trente ans.

[2] Article 20.

[3] Article 31.

[4] Articles 22 et 24.

[5] Article 24.

[6] Biblioth. nationale, mss. Delamarre, *Arts et métiers*, t. IX, p. 128.

[7] *Le livre commode pour 1692*, t. II, p. 58.

[8] Voy. l'article *Cordonniers*.

[9] Savary, *Dictionnaire du commerce*, t. II, p. 424.

[10] Hurtaut et Magny, en 1779, fixent ce nombre à 1884. *Dictionnaire de Paris*, t. I, p. 319.

[11] Article 29.

[12] Biblioth. nationale, mss., *Armorial général*, t. XXV, p. 322.

www.ingramcontent.com/pod-product-compliance
Lightning Source LLC
LaVergne TN
LVHW052041160826
845678LV00003B/1469

* 9 7 8 2 3 2 9 6 3 2 3 5 3 *